16	3	2	13
5	10	11	8
9	6	7	12
4	15	14	1

Edimilson de Almeida Pereira

QVASI
segundo caderno

editora 34

EDITORA 34

Editora 34 Ltda.
Rua Hungria, 592 Jardim Europa CEP 01455-000
São Paulo - SP Brasil Tel/Fax (11) 3811-6777 www.editora34.com.br

Copyright © Editora 34 Ltda., 2017
qvasi © Edimilson de Almeida Pereira, 2017

A FOTOCÓPIA DE QUALQUER FOLHA DESTE LIVRO É ILEGAL E CONFIGURA UMA
APROPRIAÇÃO INDEVIDA DOS DIREITOS INTELECTUAIS E PATRIMONIAIS DO AUTOR.

Capa, projeto gráfico e editoração eletrônica:
Bracher & Malta Produção Gráfica

Revisão:
Cide Piquet
Danilo Hora

1ª Edição - 2017

CIP - Brasil. Catalogação-na-Fonte
(Sindicato Nacional dos Editores de Livros, RJ, Brasil)

Pereira, Edimilson de Almeida
P339q   qvasi: segundo caderno / Edimilson
de Almeida Pereira — São Paulo: Editora 34, 2017
(1ª Edição).
152 p.

ISBN 978-85-7326-668-9

1. Poesia brasileira contemporânea.
I. Título.

CDD - 869.1B

QVASI
segundo caderno

Teorema 11
Missivas 27
Letrados 53

Nota 144
Índice dos poemas 145
Sobre o autor 149

para minha cunhada Orni dos Reis Pereira

Essa prosa não é da escrita. Mais se diz
na falha
da fala.

TEOREMA

QVASI

por definição: língua geral
que serve
para toda obra, mas não
serve
de bom grado sua sintaxe

por sugestão: língua letal
que guarda em si
o gesto secreto: o não

língua que se traz no bolso
para ofício
de cortes

em tempos de fala-pires
língua-pinça
antiformigas

(tamanduá em ronda,
depois do incêndio)

língua para a celebração
do erre
uma califórnia de insetos

por condição: língua real

lesma sem ouro
no esterco   língua
de nenhuma grei

por negação: língua, sim,
que elege os poros
de sua passagem

língua que aproxima
a coisa
e o nome

em tempos sem abraço
língua-musgo
isca

peixe-boi no pasto

língua para invocação
do homem
uma baía de ossos

por definição: língua legal

que serve
a tudo, menos a quem
impede
a sua economia

por princípio matemático

móbile
parte de um corpo, o
corpo
mesmo que ausente

ângulo reto, língua em
cifras
pitágoras em agonia
— o zero

fração angular
do pensamento, língua
equação
de seu próprio dilema

por afirmação: língua

de escola, não
apenas
língua que em plena
desordem

veste camurça — zelo
de usuário
que indo à casa de farinha
vai a paris

língua do faz-compra-na-
esquina
pega-o-tatu-pela-raiz

língua-bodoque, truque
para ferir
no brio
o bispo, o dígito ditador

por definição: língua

que mais serve sem
adjetivos
e as demais categorias
que nos fustigam

língua que tolera o homem
ínfimo
e sua falta

língua
porfírio clarismúndi: sibéria
de signos

tão avessa aos vestidos
desnuda
que a tudo reveste

língua: mendigo, mão exposta
à dádiva

— quem a recolhe a multiplica

serro
erro: sumário de paisagens

CAMPO

— rubro *nascosto*
em cofre,

em teses que ardem os nervos.
campo-teorema
índex
suma de aristóteles.

o campo: tordesilhas.
cardado em açudes, esse campo
com artelhos

em verde composto,
seco na estação que o submete
— ancoradouro.

chamado fluvial
que desorienta as alpercatas
e espora
o tempo.

suas enguias combatem a régua,
com a cauda
de lobo se defendem.

campo geográfico, premeditado
em rochas,
vento contra árvore.

fausto incêndio.

dessa copa descendem o caroço,
o espinho
e a técnica de não morrer pela boca.

campo de ciclames — fezes,

cintura de nenhum tórax,
fiado em partes.

: o campo dentro de si — moldura
abissal.

*

de suicídios

: sua medida se dá pela corda
o peso
e a urina sobram na morte

de peregrinos

: não se mensura, vai sendo feito
menos à força,
mais por esforço — na demissão
de tudo

de alívios

: sem medida, dá-se a quem não
o procura
— nas dobras nem se o divisa

dos que governam

: se recusa a qualquer medida,
exceto
a de suas obscenidades

dos eleitos

: salvos antes da acusação,
não pelo que doam, mas por suas luvas

dos calculadores

: medi-lo é o exílio

DOS ASSALTOS

libera o pensamento da coisa. sêmen não há para sua gravidez. de um golpe nega decretos e cargas — queima o futuro; exuma-se: húmus.

assaltantes e assaltados escavam-no. o método para amadurecer a presa diferencia-lhes o peso. faz-se por não acumular, suas guelras rezam no fosso.

sob ares que não se dobram, dobrar-se é um excesso.

DA CARCAÇA

louva a educação das moscas, não a memória dos dentes: certos de sua punção, se esquecem do que se alastra. viúva de miolo, a carcaça pede a outro sua espessura. estira-se a esmo, até incorporar a nuvem.

DO FUNIL

o material não faz um instrumento, a conveniência o torna
indispensável. mas, se calhar, essa regra não se cumpre. há
outras, que apodrecem sob as cunhas. dê-lhes a sua amizade
a ver se não tiram a crista da regra principal. o funil se mol-
da nesse conflito — a custo se equilibra, não fosse a gargan-
ta que o suga. corola de estrume, entre arames na prateleira:
o funil sobrevive ao arado, embora os sulcos o empurrem
para o inferno. os furos irrompem e a flor do alto se abate.

DO QUILOMBO

as expedições de caça morrem de sua repetição. o que é vitó-
ria em duzentos pares de orelhas rendidas, logo enoja. na cla-
reira serão encontradas as cabeças — no livro de notas, os
farelos. em chão assim culpado, há que se aventurar mais ve-
loz que o touro.

DA FAQUINHA DE PONTA

não é que se ignore a hierarquia, mas viver de seu fruto é um
desperdício. cu e custódio mandariam se ela vergasse todos
os ombros. por sorte, os embornais não têm fundo, algo
mais, que fura e cose, se esconde em sua bainha. não se toca
ileso esse fundo que ao se dar tem os caninos em riste. cu e
custódio rosnam através de seus mandados. sob os nacos de
carne, a lâmina espera, não é por nada que salta à claridade.
a só ameaça de um golpe não justifica seu movimento. é no
trato que ela tange, sem rumor. não há orgulho em deixar
traço, seu esquecimento é sua eficiência.

DA CERA

a proibição deu-se a ver escrita. antes era tudo conversa de inocentes. agora a escrita fala no corpo que ruiu sob os estrados. um livro se escreve agreste e quem o fala regressa do garimpo apenas com a garimpagem. a capanga em que recolheu o melhor do dia, rompeu-se; sobre ela o infortúnio atira seus mascates. a mina e a língua cultivam uma cabeça para habitar os corpos que maduram nas árvores.

DAS TOALHAS

cobre-se a mesa, assim também o morto. na fartura de ambos, os gestos desiguais. como entrar nessa flora se as bulas arderam? estão dispostos no elogio horizontal, somente a nuvem decora essa corte. o que foi comunicação, carece de serventia. nem a caixa de fumo perfuma isso em estado de recomeço. tudo à volta é incapaz de apreender a aceleração que não se mostra. exume-se um salmo, será inútil. até que a compreensão se cumpra, a beleza se resume em perda.

DO ALTAR

a míngua é um excesso e com ela se peregrina. os mortos cardam sua penugem, quem os busca amealha as vestes do inverno. uma linha e um nó bastam se a fortuna não carece de se mostrar. contudo, não ter é outro egoísmo: lá vão os eleitos e não é preciso mais para denunciar sua arrogância. não se pode suportá-los, tal a lisura de seus assaltos. os porcos se rendem à sua gestão. os mortos também se arrepiam e disso fazem seu conforto — enfim, nem todo saldo é soldo. vão à feira os que ordenham sua miséria.

DO SETE SELADO

eis a convocação que devassa a família. não é recomendável
apontá-la, seu convite promete a nudez e o inferno. cava-se
a sexta-feira para saber que o enterrado vivo aumenta os nú-
meros da sorte: a seiva cresce em três porções no escuro do
gato. os que veem do outro lado da montanha usam a cabe-
ça para tesar a morte.

*

campo: pólen a escarnecer da caderneta de campo,
não menos tebas, não menos obra a se acabar.

seus vergéis
nevam sob uma leva rupestre:

> boi.
> carpa do campo, espinha
> que se aguenta

> e ceva, entre chifres,
> o seu milréis.

> dois
> na mesma fenda
> de sombra.

> espiral negra.
> milagre.

para o que virá, basta retirar
o forro das ideias. o campo rumina a própria negação,

na roda que perde inaugura outra carruagem.
o campo enreda, para soltar-se.

um oceano se afigura, ainda é campo.

há latões nas porteiras e deles fluem rêmoras.
há quem se purifique na salsugem.

ainda húmus a linguagem empurra os cavalos, embora sua
rota
se confunda à dos peixes.

ainda campo, escoa entre marujos que velam
a devoção às naves.

os rastreadores apuram o traço, o que usam para lustrar
cornijas
não vale para uma ostra.

o campo ainda não é mar, oscila.

força as narinas do viajante: quem decifra seus açores
sobrevive.

caravanas avançam sobre âncoras e tufos
de algum animal,

a última das cartas não se sabe náutica
ou terrestre.

não menos tebas, não menos tíbia: o campo estremece

as represas
engoliram sobrados e currais.

: o campo
a tudo se assemelha, mas pende ao seu

    reza na raiz
    com sua porção
    de inventos

    adentro se esgueiram
    os mineiros
    os colégios do carmo

    as facas na casca
    os tornos
    as prensas

    os mamilos
    o caos
    o leste-oeste

    a feira, os arcos
    cercam-se
    de estranhos

    com eles o campo
    tateia
    os migrantes

    com os ratos e os furões
    caseia
    a escuridão

instalado no seu-em-si o campo é diverso
de sua mãe
    olho que afaga
    lobo-caraça

estando em viagem apura os freios
são cravos seus navios

a tudo se assemelha — umbigo
não se reconhece
(esquivo).

*

em carestia, o campo
germina
e aceita a roupa de passeio.

campo limpo
campo do meio
campo da várzea
campo sereno
                sala de estar
para quem põe vírgula fora da pausa

*

na água-forte em que se pensa ver
o campo
ele arrasta-se
por cima da própria pele

réstia
ror

carranca

não há quem o atravesse sem conduzir
os escorpiões

entre o branco e o azul
as rochas

na erma escura
o acabamento para oceano

a certo ponto
a paralisia,
nada se move: o campo

concentra a sua orquestra

MISSIVAS

OFÍCIO

Tatear a origem
é iludir-se.

O escrito, à mercê
do que foi dito,
inaugura outro país.

O que se dá nos mapas
em forma
de província, urbe
& melhorias

não é senão um caco
de palavra.

A origem ressona
grave,
sem nação ou pacto.
Há quem a leve

no bolso, em crimes
que nos deserdam.

Outros a curtem sob a
forma
de bois de aluguel.

Ou a costuram em óleos
santos.

Mas há os ferinos e seu
humour
que tira o minério
das conchas.

Por eles a origem despista
rendas, misérias
e outros benefícios.

Pela origem
somos-não-somos.
Espécie que escreve
para esquecer.

*

PÓRTICO

O leite, a derrama
& outros modos
de arrecadar.

Contra eles, a
contrapelo,
o homem das pilhérias:

dele
não há que esperar
senão a falha.

Contra ele, ao
contrário
do que dizem as provas,

a mão severa
não recusou
o capuz.

Sua remissão foi
desfiar as alfombras

e poses
com apenas um
coldre.

*

O emissário porta os malotes
enleados em desastre.

COMETA

Fivelas se avaliam cientes
do horror que transportam.

Se algo quedou,
melhor não seja encontrado.

A depender do rastro,
o que se imagina ainda não é
o monstro.

Rendidos à paciência
espera-se   desespera-se.

Corações segam os malotes.

*

FILOLOGIA

Em Trindade a dor escolhe
uma fissura para dizer
o nome — falsa armadura.

Há os que lhe fornecem
comida em louça que fala
francês aos pequis.

O nome tartamudeia.
Sua maestria é esconder-se
nos criados-mudos.

Porém, ante o sacrifício,
nem salvas nem atritos.
Nem iras.

Nada tira ao corpo
seu prazo imperceptível.

*

CARNEIROS

Notícia má-fortuna ameaça
São Sebastião
dos Coqueiros.

Desce à noite, no sono
em São
Sebastião dos Coqueiros.

Não poupa tecido,
círio,
família em romaria. Não

desvia de bicho
carne apetecível ou fogo
já morto.

Sua fortuna desafortuna
São Sebastião:
os terreiros

desse enclave são papéis
que uma absurda
mão cerceou.

Mas eis que o Menino
foi ao córrego
em horas que não são as

de São Sebastião dos Coqueiros.
A essa notícia
que vela o sono

a ferida a romaria os animais
e o trigo
em São Sebastião

dos Coqueiros: a essa
se rendem os que ainda vão
sobre a relva.

*

Estamos jurados
de vida.

CONDENAÇÕES

Com sete cordões
ataram
o recém-nascido
à fazenda.

Não a de gado
e pasto,
mas à que se resolve
em querelas.

M O R T E
no Sumidouro
E
M
B
O
S
C
A
D
A
entre Olhos d'Água
e Sentinela.

Por ordem das mães
não desabou
o céu.

Safaram-se todos,
guarnecidos pelo cavaleiro
do assombro.

*

ALTO
DAS CABEÇAS

Essa calva sinuosa paisagem
pertence ao juízo
dos mortos, não figura
na cidade,

não contorna os mapas
que fizeram
história: essa calva sinuosa
morte

padece de motivos,
flutua
entre os movimentos
da derrota.

Pelo menos é o que se
pensa
desse postal vertido
para o abismo.

É o que se pensa
do enforcado que maneja
um grito,
apesar da língua

crispada e negra.
É o que
se pensa sobre a forca
como se fosse

uma escola de silêncio.
É o que — deixemos
o fato pesar
por si mesmo —

restaura para os mortos
a fortuna
: ir ao parlamento,
ao mar

como quem supre
sua fome menos com o pão
ou a carne,
menos com a gordura

de que se alimenta
o faminto, menos, portanto,
que uma boca
a morder aquilo em que não

pensa.
A calva sinuosa paisagem,
onde rolaram
cabeças,

se dobra em larga página.
Seguem por ela
(a seu ágio)
os calcanhares dos mortos.

*

O cavaleiro abala
do começo ao fim do mundo.

ALARME

Sua divisa:
à faca se resolve.

No avanço do cavalo,
um morto se anuncia,
— sal que aduba
os herdeiros.

O que empurra
um lanceiro para ofícios

que somam
vermelho ao vermelho?

O cavalo cresce, nesta
tarde — o homem,
não: pai de filhos,
mestre de contramestres.

Quem pesa os arreios?
Um espraia os ferros
na poeira.
O outro a ferros.

Nos Olhos d´Água,
entre Pirapama
e Pindaíbas, a jornada
se decide.

*

Os fugitivos
do passado arengam.

MATA
DO CAVALO   — Botas aqui, não.

Nem cartucho, linho
para banho de sangue,
também não.

A mata se esconde
atrás de outras.
Quem a vê,
vê moitas.

As ramas, suas
tramas
vão no passo de tartaruga.

Até que ousem
pousar chumbo nas trilhas.

— Soltem as charruas
no intruso.

Os fugitivos
negociam, como o ouro,
seu passado.

*

POUSO ALTO

Nomes
são uma geografia
que emerge
de vogais e consoantes.

Consoante sua forja,
o poeta lhe impõe
seios
coxas
e cardos do mediterrâneo.

Os verbos ditos
fazem outra arquitetura
salva, por acaso,
do tempo.

São frontais de casa,
cúpulas,

traves que seguram
dois andares.

Seios e promessas
inferidos na linguagem
são o lugar
propriamente feito.

Isso quando aos dizentes
(roubados
em seu desejo)
resta o exílio.

*

dia escuro.
Pago na venda,
MONTES   a juros,
CLAROS,
uma dívida, filha
do escárnio
e da fazenda.
Montes Claros, hora

do acerto: nada
no espólio,
além da vida, minha
renda.

Não pago, não
me vendem óleo
e farinha.
A carne, então,

esqueça: apenas
a de meu corpo.
Que a console a outra,
distante,

dobrada e seca,
entre nacos
de torresmo e verdura.
Montes Claros,

dia do juízo: se não
pago
é que me furtam.
Saldaremos

um dia, com a
a fortuna
que nos revela.
Osso duro, refúgio

escasso, frágil
barco em lago escuro
de Montes
Claros.

*

Sobre a mesa
a pátina.

INVENTÁRIO   Mais que ela o
acúmulo

de uma e outra
vinha.

A idade
delata esse hábito,

a dureza
que mostra, no fim,
a serventia
das unhas.

Sobre a mesa
terrinas desequilibram.
O gesto
de ampará-las

acelera sua derrota.
Por esse
regozijo novo
seguem

cartas e receitas,
o apocalipse.
Sobre a mesa
há quem

diga ter-se perdido
no século,
irmã de urinóis

e outros futuros
adiados.

*

EUTERPE

Uma e só plateia
para o concerto
da vida.

Virá, não virá a nota
excelente.

A custo se doma
o débito
de uma dupla jornada:

tecelagem
à noite, qual penélope,

guerra
no dia, qual ulisses,

homem de carne
e osso
todo o tempo.

Virá a excelência?

Tudo somado, pouco
importa.

Soa o príncipe dos sons.

A plateia, desde o sono,
diz-lhe
que domou
os seus demônios.

*

SUMÉRIA

A distância reside
na letra,
mais que entre os lugares.

A cavalo
se corta várzea
e agreste.

A distância cede
às patas
de um qualquer
transporte.

Vara-se, furta-se ao pó
a função
de alongar as horas.

Troca-se a manta,
o cavaleiro.

Tudo se volta
contra o empenho
da morte.

Trapaceia-se, doa-se,
todo recurso encurta
a rota.

Porém, chegar ao nome
tatuado
de um lugar

não se logra.

*

LÉXICO I

AUTHORIDADE: ato contínuo
força   derivação: forca

Chrispim, Ambrósio, Outros
— santos, mas nem tanto —

se negaram ao MATADOURO:
derivado de incenso, ouro

e mentira. EXEMPLO, modo
incisivo de salvar o mando,

ISTO (demonstrativo insano)
Chrispim, Ambrósio, Outros

não foram. NÃO: pedra ang
ular dos sem P A L A V R A

*

LÉXICO 2

LIVRO DE HORAS DO POETA
OSWALDO SATURNINO, vivente
das comarcas de Baldim, Rio
das Velhas & adjacências, re-

escrito em segunda via por mãos
de terceiros : m e m ó r i a s

livro falso, portanto, legítimo
como os demais que circulam

com a chancela do estado de
desânimo *del viejo siglo de oro*

livro roído — nem tanto pelo
conteúdo   mas pelo ruído

de quem o circunda: vorazes, vis
SATURNINO, os credores da *ars*

do verbo. A eles, vivente da co-
marca do rio das velhas, o arco
distendido contra a cabeça — isto,
sim, é a entrega de corpo e alma.

*

CALABOUÇO

No rastro não se vê
a altura
do homem,

mas a roda
que lhe trai a fortuna.

O lado para onde
se inclina
o rastro

pouco diz sobre a outra
direção.

E é tudo, esse resto
de certeza.
Um atalho

para medir,
quando em repouso,
o homem.

*

Sob a capa: o truque.
Sob a nuca: o pólen.

MOTIM

À capela se trama.
Em público, o que era risco
se encarniça.

Ganha dentes, fuma.
Em vez de um salto, dá-se
aos ouvidos.

Está a ver navios, por
disfarce.

Quem o depreda,
mal compreende a cova
em que pisa.

A espera, quando se trama,
é faca
espessa.

Sob a capa   sob a nuca
o risco
borda sem saber o bordado.

*

O burro vermelho
de Sinval

COMARCA

desafia o abismo:

chega à borda, tateia
não vai ao fundo
com a carga.

Burro vermelho, cepa
rural
do socialismo.

O burro de José Flora,
administrador
de hortênsias:

chega à borda, pateia.
Vai ao fundo
com os fundos

do erário público.

Burro padrão, teia
rural
do cinismo.

*

LEI DO CÃO I

Em metro e meio
o homem
põe sua bagagem.

Não há robustez
de sombra
que o intimide.

Bala. Suspiro.
Cubu. Doce de cidra.
Paçoca.

O grande comércio
faz-se a varejo.

Conhaque.
Um braço preso
à muqueira.

O juro infindável
cobrado
pela sorte.

Baralho. Mesa
a pique.
O nome na praça.

Em metro e meio
tudo
se joga.

O comércio
rende e arrepende.

*

LEI DO CÃO 2

Na parte da frente
do comércio,
mantêm-se os acordos
a ferro

e fogo: o tratado
não se distrata, nos
fundos
falam os canos

de espingarda.
Senhores, manda
a civilidade
(uma voz afana

o direito à réplica),
que não sujemos
as mãos.
À frente do pequeno

comércio,
luz, reluz, tremeluz
a honestidade.
Mas,

no escuro, aos golpes
se negocia.

*

Esquecemos o escrito,
não a forma traída.

CÓDICE Se era república ou pasto,
carta
ao irmão banido.

Se era furor ou biga
em carreira pelo deserto.

Se éramos nós,
com os ossos ainda
sem guerra.

As formas que a letra
insinua
nos tomam pelas mãos.

E nos deixam
à margem, sem um remo
que empurre

para o outro lado a canoa.

*

TABULEIRO

Passado, burro
que não se pode amansar.

Crepa
que se insinua entre uma
e outra exumação.

Não chega a touro,
não chifra.
Mas fende a casa.

Rédeas.

Bento & Filhos.

O sangue esfera
dos almeida.

Brasa que tira à selva
sua vertigem.

*

Cercado.

OURIÇO
Do alto da embaúba
rastreia o inferno.

Cães.
A foice e o pai.
O filho.

O espírito santo da morte.

Cercado
pela circunstância.

Não se atira todo:
caem
suas forças como palitos
de fósforo.

O vociferar da foice.
A noite estala.

A cada um a própria
roda.

LETRADOS

ANÚNCIO

o lázaro se apalpa. depois de tantas mudas,
não é
a pele
que o abriga.

vindo pela rua,
distrai nossa atenção de outros cadáveres.

nessa freguesia, à margem do rio
das velhas, velhas não se querem bordados
de penélope.

aviam o que se move sob a crosta,
fortuna
e miséria
para delírio dos amordaçados.

o lázaro pertence à espécie das coisas invisíveis.

nenhum de nós o conhece sem a mácula.
— vingai a mácula e a carroceria
que a transporta.

o lázaro administra esse legado e outros
disfarçados em matrimônio.

o lázaro
apazigua os carneiros com a coragem de quem
escala o monte de vênus.

no lázaro a dor se inocenta e prova a semente
prometida.

não se humilha, o lázaro.
o que se diz sobre ele, ele mesmo no que diz,
é duplo.
se o separassem, a sombra e a moça padeceriam,
obedientes às parcas.

não se deem ao lázaro.
sua funilaria deixou de funcionar, o timbre
em suas arcadas não.

MÃI

nas narrativas sobre a mãi, o medo é lúcido e ceva os
animais da casa.

o branco urutu vai saltar.

— não, não, não enquanto o inverno atrasar a floração e
for impossível adivinhar o remédio.

o medo ergue a crista para reconhecer mãi e filha.
ocupadas com a gravidez, não se atrevem a pisar o rastro
ameaçador.

ele o que faz é acalmar-se: em arco.

mãe e filha fazem meia-volta, evitam ser os alvos.

o medo salta num futuro que elas já habitaram.

*

os ramos macerados não sabem a que ferida se destinam.
igual cavalo na cerca, esperam.

não se gabem por sofrer, vocês que não têm os netos presos
às verrugas.

ela pede licença à mãi que atormenta o próprio sonho. ela,
doença e cura, sai à noite para encontrar os mortos.

mãi, filha de regedor de fazenda, seus cabelos são os de sua
avó.
um dia essa avó rompeu a arca e se estendeu no meio da
história.

não morreu de latim,
essa herdeira de cesteiro que avaria os consensos.

*

ao correr, corremos com elas e nos tornamos devedores
caso
     ataquemos seu jazigo
     sua pélvis
     seu reino de pensamento
     o
     sangue de suas escolhas

ao correr, a mãi rompe com o filho da preguiça. ao correr,
sua avó
limpa a cabeceira dos rios: por muitas razões, as duas são
arestas
que avaliam curvar-se ou não.

senhoras do flanco geram a seu tempo seus argumentos.

*

se a tomarem pela menina do arbusto, não se precipite:
ouvintes
escutam as suas preferências.

os caçadores não suportam o fundo do prato.

você não é a menina do arbusto. não é com eles que você se
assenta, não é com a mão desprezível
que percorre o tronco, não,

decididamente não.

se a tomarem pelo senhor dos porcos porque seus olhares
giram
em torno de si mesmos,

entalha
a recusa em suas orelhas. reserve-as para a escrita de um
outro livro.

*

histórias sobre a mãi desfiam na hora do bote, mas
sobrevivem nas irmãs.

os filhos atrasam a mãi — não a de carne e osso.
a mãi
que se prolonga na fala sofre com esse afeto.

ela procura normas para este assunto, porém, ele não é da
natureza das doenças,
não é uma escara que se ameniza.

é um assunto.

um cogumelo prestes a destilar.

a cadeia da gramática não ameaça as narrativas sobre a
mãi.
é o filho
que lhe deram, afeiçoado ao lobo
e à sentença.

para salvar-se, a mãi não conta com a resignação: salta
na linha
que o urutu traçou.

caso ataquemos sua flora, seu jazigo, sua pélvis, sua escolha
seremos como o senhor dos porcos.

O,

homem da charola, arremete a seiva contra si, não espera recuperem o seu nome. para o charco reserva suas rendas. está pronto a dialogar com ele. não pensa em soluços à beira do catre. escapou, tal como no parto, ileso — um roçar se casa a outro, enovela-se em carapaça. o homem se quer órfão, livres a boca e o sexo. ele se quer, contra os acidentes de caça. não há bosque que o desoriente nem sal que o batize. escava a dizer que os despojos não são os mortos.

a morte não monta todos os porcos
ao mesmo tempo

os q. arrastam
capivara, os q. escapam
porco do mato
os q. falam: queixadas

a morte não monta todos os corpos
ao mesmo tempo

o corpo tem suas ausências, a maior dá-se pelo excesso. o corpo sobre o corpo, em latitudes sem número, de tão intenso é um furor que se teme por se desejar. suas garras suas guelras ferem a rota que outro corpo recusará, e no entanto busca. o, homem da charola, insiste que os restos não pertencem aos mortos. porém, retesado o arco, o alvo responde:

a roupa que vestiu o corpo se despede, a linhagem se rompe apesar das benfeitorias. o cerzido não foi senão doença a partir das sementes.

CORTE

O trigo não tem a cabeça
alta
depois que a foice passeia.

Quem está no campo,
a essa hora,
não volta com a notícia.

Quem fica à espera,
embora
creia no arco da mudança,

quando muito, vai à porta
e nutre,
em vão, a própria saúde.

Se há beleza em tal obra
(e existe,
no outro lado, uma

janela com as bandeiras
em eclipse),
em ruínas se esculpe.

OMEEIRO

Non è malattia a loucura.
A defendê-la Pedro Oscar
revira os livros
escritos e por escrever.

A prumo Pedro
Oscar, à maneira de oração
que dispensa o santo
por bastar-se no verbo,

por saber a palavra
inútil — a que arruína a fala
como daninha
erva entre os canteiros.

Definitivamente, *non è* caso
a loucura,
mas um pescoço a ver
desde outra gávea.

A Pedro Oscar interessam
menos
as prescrições, os provérbios.
Sua remessa

de ordens reza em latim,
não o canônico
mas esse feito em testemunho
de paisagens

— onde os seres recitam
a desobediência,
isentos de deus, avarentos
de deus.

Aliás, tirar a primazia
de deus
é dos entendimentos preferidos
de Oscar, a pedra.

Ancorado em sua letra,
rege uma bíblia
(que se vai fazendo)
nunca

fechada aos demônios
que mudam
o certo em adivinha.
Non è malattia a loucura.

Quem arreia de suas costas
sobe no conceito
de Oscar, o Pedro semeador
de assuntos.

LIVRO DO SOFRIMENTO

Por vivê-lo tempo não há
para escrevê-lo.

E o escrito é sinal de menos
a rondar

a carne e os ossos.
O que se pensa escrever

não será sofrimento,
pois o pensado

tira-lhe o corno mais agudo.
Um animal

se desfaz na garra de outro.
Ambos purgam,

entre arminhos, sua herança.
O livro safa-se

incompleto, apesar da gravura
que na capa

sugere uma obra de mérito.
Tem-se o corpo

de um homem (sua idade?)
no círculo:

quatro forças o animam, mas
também

o dividem: será um abraço
ou um grito

que sob nenhuma paisagem
o trazem à cabeceira

deste outro, entre a vida
e a morte?

Livro honesto, que não se dá
e ainda assim

o recebemos, assinar um
de seus capítulos

é como seguir na mata
um bugio.

Antes que o leiamos
sob a máscara

de rei ou peregrino, ele nos
lê. Pausa sediciosa.

PAI

PRELÚDIO

o portão e a cerca tirados
de sua ordem,
isso é a família

a árvore da fala e o guardião
apodrecidos,
isso é a família

a mulher que lhe deu o filho
teme os ratos,
isso é a família —

lã
fora do novelo
que alinha o esqueleto

C

fiando-se que a travessia diminui no zelo com as coisas, o pai
acolheu o cão, sua imagem e sua morte. ao rondar a estrada
de ferro, tinha consigo o primeiro. se chovia, o cão : não, a
imagem do cão, renegava a companhia. que fazer senão ar-
rastar o morto que a tempestade não levou.

pouco importa onde começa o homem, onde o cão : não to-
mem por lebre o que é outra ordem da fala.

os ossos avançam por um trilha extinta. o pai encolhido na
capa de chuva, o outro não : cão, ou serafim, pairando sobre
o musgo.

serve para muito o cão, ainda que não guarde lembrança de
sua manta. cedeu-a a um canto de peregrinos. esse, que a tem-
pestade não aniquilou, tange o sangue por sua conta e risco.
findaram os cercos e as mordaças. os tremores na caverna
findaram.

o cão pastoreia uma pele sem feridas, de tão extensa a con-
funde com outra: sua cabeça tamanduá, seu ventre capivara:
o avaro cão testa a anta em si. a orelha do cão é um livro pa-
ra leitores adiantados.

A

essa árvore sofre com o ancinho pendurado em sua caixa de
frutas. mas não é por ele que a copa arqueou. o braço da tem-
pestade rateou-lhe o prumo. a árvore borgeia, fora do seu
espaço como uma palavra inadequada.

viemos à árvore que se assume da família. não há nome em
seus grumos, porém, o filho, o pai, a mesura diante do estra-
nhamento se nutrem dessa ausência. tu e eu, arranhados pe-
la lembrança do bicho que tirou-nos o perdigueiro: o ingê-
nuo, por servir ao pai menos que a seu faro, espremeu-se na
loca: o roedor o teve para que o tivéssemos, depois, entre os
demônios da cantina.

tu e eu felizes, pai: com o tino do gavião e a pele dos arbustos, nem o algodão é para nós um terno justo. os primos de unhas pardas nos cultivam, embora atiremos contra eles — mas tudo se esclarece ao rés da árvore, exposta para doer em cada geração.

estou em ti pelo tanto que estás na mão a suportar a árvore e a árvore em mim pelo tanto que a garantes. se um felino saltasse nessas ramagens, qual de nós ergueria o braço? dessa árvore uma família se apruma.

o

de fora para dentro não se mede a espessura. o pai faz da caiação um recurso para dar ao clã o que ele não sabe se deseja.

por imitação aos seus próprios cabelos, tinge o muro de branco, da esquerda à direita, da pélvis ao queixo. o muro se deu nome pelos corpos que abraçou. só agora esse gesto pacifica, senão continuariam a atirar-se.

s

nem eu nem tu nos livramos do cão? não haveria humor se a caçada se resolvesse: a vítima vítima, a pedra de imolar amolada.

foi a pira que não previmos a mudar toda a família: uns içados pela árvore, outros a roer o sexo nas paredes. o sinal teve lição canina, tão certa como esse diário. alguém o escreveria, ainda que não restasse pó sobre pó. ele se escreveria por si.

não há que ir ao fim da linha, lá os mortos têm outros afazeres: a bagagem que levamos em nada os atrai, se já cruzaram a estação das estações. o cão — esse voltou antes, animal sem trilha é o homem.

RÉQUIEM

um cachorro inteiro não dói, nem um boi
                              o esqueleto se
esmera   — um cavalo inteiro
ocupa a seara   — não dói

inteiro   o esqueleto
faz uma volta sobre si

um cachorro morde e não dói, a saliva
o desculpa
no lugar da mordida a sutura se apressa

um caracu fustiga a beira do rio, quer o
lastro
que o mudará em barco — mas é um boi
em sua corda

inteiro um cavalo arreda seus aparelhos
o cavaleiro
inclusive — por força de sua própria lei

um lobo não dói   nem o esqueleto
cada osso
tange o corpo a um mato sem cachorro

SEGUNDO RETRATO DE HONORINA

I

o cão e o marido estão mortos. este, continua a zelar pela
casa, aquele salta os campos de azinhavre. finalmente teu
nome é teu, com ele decides a queima da mobília,

sobes à torre para anunciar com quem escolhestes dormir.

as mulheres da aldeia já não a prezam, seguem a aldeia.
unidas ao patrimônio dos que leem, escrevem e fazem
conta por subtração.

ao contrário delas, tens um cão que amanhece sob a tua
vontade e um marido que sega, sem descanso, a calvície.

II

tua primeira infância se perdeu, tua primeira urgência
também. vieram buscá-la para cruzar o arco dos botões e
sagrar-se

mulher do outro lado sem que ainda houvesses vencido a
infância. a esperar por ti, teu marido e o cão.

a diferenciá-los aquilo que não vias e era tão necessário
para que pudesses viver.

III

as mulheres da aldeia não suportam que venhas sem o teu
marido. o que oferecer aos seus próprios?
       aquele que a enforcava
       já não surta, não ceva.

não é com eles ou com elas que te preocupas, mas com os
rastros que levam para fora do povoado.
o cão enfilava através deles e tua inveja se dobrava de amor
por ele.

IV

o cão, o marido, as maristelas, os borges, os confrades da
miséria
e a delicadeza
fermentam em terrinas — todos vivem para capitular em
tua messe.

como o estrangeiro que trouxe os libertinos *dell'arte* e os
levou no dia agreste, moves a corda
e a ira,
atormentas o reino
e o cárcere.

podes usufruir do teu nome e reparti-lo segundo tua
conveniência.

74

quem exilou tua fronte não vai além da esquina,
espera
— esse é o testamento —
que a mulher envelhecida aos trinta seja outra vez jovem.

o *marido ex-machina* intenta montar a herdade, intenta
mas
seus joelhos se dobraram.

V

honorina torna aos infernos, não como dantes, presa aos
rumores
e ao sangue.

torna por si mesma, a mando dos copos de leite. torna
porque
a razão não se mitigou. sua janela
é a escola do mundo, ainda que as mães a odeiem e lhe
neguem suas filhas.

honorina não as quer, elas querem a fala.

DURVALINO. DAS ABELHAS

sabe-se, fazem
o necessário
para não turvar
o cântaro.

De quem as cuida,
no entanto,
tenta-se,
como o diabo,

decifrar por que
furta de si
o equilíbrio.
Na passagem

do tempo tudo
se cumpre,
porém, a fiar-se nisso
morre-se.

Como vive
aquele que ordena
a colmeia?
E colhe nas barbas

o enxame?
Por fora, bela viola,
não se mede
o que vai dentro.

Durvalino das abelhas
asperge,
como tu e eu,
o lado escuro

do pensamento.
Por onde vai,
entendido parecendo,
é todo perda.

No bolor de sua
hora
já não fustiga
mel nem amargura:

das abelhas, mero
vizinho,
recolhe um voo
que não vinga.

ILTA GOMES,

docente de fôlego.
Em horas vagas
(vencido o labor
com as letras)

se ocupa de latas
        e flores
na varanda. E gatos,
que sendo dois,

dormem à sombra.
Ilta Gomes,
além do magistério
e lides

da casa não se furta
a pôr em caderno
a voz do esposo:
Mestre

em Folia
de Santos Reis.
Ilta, porém, registra
não o sopro

ou a mão que afina
a viola.
Outro é o rito nascido
de sua firma.

Ilta Gomes
abre o oriente das letras
quando grifa
o giro de Santos Reis.

JOÃO. DE DEUS

João de deus não vive
do seu.
Vive do alheio.
Para dar, em graça,

um assobio de barro,
um pião.
Seu ouro,
sem arca, é para os

pobres.
Ele, diferente deles,
e dos ricos,
arca com o mistério.

Labor sem causa
de quem,
não tendo casa, vai
à caça

pelos outros:
um boi rosado, uma
linha
entre bordados.

João. De deus
se nutre
e sua fome não cessa.
Junta-se

à farsa da vida,
aos farsantes de cepa.
João, menos
que nome,

uma letra.
Faz-se em graça. Para
si retira
o último coringa.

CONT OOS

URUTU

vírgula estirada que apascenta o próprio veneno. se ela encontra o veio, grassa a fome no campo vizinho. sua língua injetada faz a linguagem mancar.

BUGIO

mais que o salto, interessa-lhe o segundo antes. o bugio cai em si para bem da parentela: se um decifra a sua hérnia, por que não o fariam os outros? o bugio tira de sua doença sua medicina.

JAVALI

um tanto de nós na lagoa. um tanto seguros a remover ninfeias da margem. irmãos protegidos pelas ramas que vão na trilha da lagoa.

um dardo, porém,

desatina. todos em disparada. os de trás a superar os que adiante se adiantam sobre os próprios narizes. não há quem

se fie em apagar os rastros todos em disparada por temer a
sentença que incendeia o dardo.

o atirador não mira o primeiro nem o segundo, atingidos se-
riam esterco antes que o último se aviasse.

para este o atirador guarda o olhos o calor o fim da descen-
dência.

OURIÇO

a vocação de lança não está no ouriço, porque seu berço é de
paina. indo à cidade, tem o cuidado de adequar-se: sob o ve-
ludo, material do círculo, aponta suas vogais.

ORRUS

o thaíde sopra no pescoço da garrafa. o-su-o-surro, gêmeo
de juriti, requer paciência até que ela reconheça sua lingua-
gem. o gato rajado trila o mesmo *suono* sem carecer de gar-
galo. ele, que sente a fábula nos dentes, estira uma rede entre
o chamado e a chama. para não bater de frente com o tiro,
faz a volta no beiral. não vem, em artimanhas não cai.

CAPIVARA

os gordos do clã escunam a pele do rio. uma ruga se alarga
e não chega à margem. o rio seria lama, não fosse a mó que
o entrega ao mar. ao clã interessa sulcar em linha reta. o lo-
do, somente ele, sabota a ortografia da família. os gordos
emagrecem na prole. levam às costas os que têm grossos ca-
potes. o velho que sonhou ser uma de nós, comeu da relva,

grunhiu o que ele chamou de canto para não enlouquecer a
língua.

PACA, TATU, CUTIA,

irmão, cavam o mesmo buraco para escapar ao fogo. mas
não falam a mesma língua. se o capão é a escola de todos, o
mesmo não se dirá das gramáticas que lhes dão saúde.

paca tatu cutia são hipóteses que escapam do cercado. um
livro sobre eles começaria com reticências.

ANTENOR

40 cães na mata.
Caça
para si, nem tanto.
A paca

(substantivo macio)
queda
ao mandatário.

40 cães na caça.

3 porcos (catete
seu nome de guerra),
enfim,
para a família.

(Porco do mato:
queixo
duro —
verbo irregular).

Com 40 se mata
o tempo.

A distância entre uma
fazenda
e outra,
às vezes.

40 mantas e mais
na vida.

Antenor não caça
para si
para ninguém: pelas
oitenta

vírgulas eriçadas
aposta.

ANTÔNIO PEREIRA

vigia a borda da mata.

Mas vigiado
é.
Atenta ao rastro que o
segue.

Espera-o.

Ele não salta além
da aba
de quem vigiado vigia.

Pelas unhas
se acredita, porém,
não se afirma.

É.
Talvez.

Um dia (melhor, num
átimo)
a cara será ante a cara.

Por hábito, quem
vigia
sabe se é bicho de fato

ou de palavra.

OS MOTAS

são os que devoram.
Têm sua textura
e peso.
Vê-se ao longe: não

são de carne e osso.
Não se rendem
à camisa de força
dos outros.

São os nomes do que
difere de nós:
bugio, sauá, saltador.
Os Motas

os têm por verbos.

Em banquete dão-se
os Motas:
devoram-se, vivem.
Os outros

olham de longe,
queixam-se ao bispo.

RACHEL. SEU ARMARINHO

não parou no tempo.
Nos objetos
não se deteve.
Fixou, sem remendo,

o que nos prende
como erva em terreno
incerto.
Seu armarinho

fornido de moringa,
e apetrechos
do mundo antigo.
Sua máquina

de fazer contas (lápis
na folha branca,
entre somas e dívidas
confere desconto

a gente de nervos).
Sua arcada
imersa na vida, o que
nos vende

não é retrós, renda,
fita,
embornal, mancebo.
Não são coisas

do mundo antigo
que se acaba. São mundos,
que se renovam
na palavra.

CONT OOS

PRÓLOGO

Não há violência nesta tarde. Talvez, por isso, não se pareça humana. A tarde não é um armário que se possa lustrar.
Monta-se sem adjetivos, de acordo com o morto que nos visita.

De uma ou outra maneira, os mortos se instalam. Entre o palude
e a cristaleira.
Alentados na selva, bichos da seda, os mortos escuros
e brilhantes.

Se instalam para o serviço de notários, obispos, saqueadores.

TESTAMENTO

Ercília atravessa o jardim, não como em seu tempo de mulher viva. Sega begônias e malvas, afunda os tufos, sedativo não há em suas macelas. Ercília é outra ou, sem perceber, também atravessamos.

*

Não há como dizer a Sebastião que a escada em caracol ficou torta. Ele diria que sendo lerda, seria assim mesmo: nem escada nem animal. Agora, maior a sua certeza, visto que não se move, não se ergue, não se pronuncia.

*

Órfão de sua calábria, o filólogo debruça-se sobre a língua que azeda o fermento. A língua de gato, prego e sapato. A que enferruja no uso diário. Do alto de sua experiência, reconhece que ambas, calábria e língua, não são heranças.

*

Não era gorda, Rachel. Mas que fazer se as palavras não cabiam nas roupas? Se antes de virar a esquina, alguém sabia sua presença? Estão leves, agora, todos que a fizeram balão subir silenciosamente.

*

Tudo continua depois de Tereza que, rendida, ainda se traduz. Antes de partir, devolveu o livro à inocência, refém apenas das manchas tipográficas. Nenhum adeus, a Tereza uma biblioteca no escuro.

*

Abdias atravessa o campo, vai por suas regras. Entre as aulas do xucro e os remendos da liana. O que havia para dizer, foi dito sem reservas. Resta na cabeça como um destino a se cumprir.

*

Pela noite nos pulmões, Alcídia sofreu menos que o calculado. Mas ela, somente ela — nem a própria mãe, nem o sangue de seu filho — poderia suportar o breu. A faca esgueirando-se entre o fumo.

*

Ante a certeza de que não mais tocaria a rabeca, veio-lhe em sonho a escolha: saltar no rio das mortes ou no rio das parcas. Mestre Raimundo arqueou até se lançar na lira do delírio.

*

Cão. Cão. O maior que Enedina pôde enfrentar. A pata que lhe esmagou a bacia era, talvez, a mão de deus. Áspera, mas sem doer. Os anos, depois, sim, perderam a graça de romã. Antecipação da hora em que nenhum cão nos salva.

*

Acácio fiscalizou e furtou. Trocou notas, hectares por merdas. Ninguém confia em lábia, ninguém confia em si. Acácio vinga enriquece: seus amigos, suas forquilhas. Tudo conforme a lei. Tudo leiloado, até o esquecimento, sua miséria.

*

Nélson une-se a Jacó. O pai. A família se refaz para que a palavra não se perca. Do pó fizeram moinhos, cidades sobre o monte. No pó toda sentença se cumpre. Nélson resigna-se para o alívio de deus.

EPÍLOGO

Não há uma tarde sem um osso que se tenha partido. São humanas todas elas. São mortos os que deixaram farelos sobre a mesa. Seremos. Por sorte alguém ruge e arrasta o sol para dentro da tarde.

MALES, NÃO

A mão da cura pensa que é livre, não é.
Essa é mão do perigo.

Não fosse a derrota da carne, seria ociosa.

Não me deito com a doença.

A mão que me acompanha pensa igual.
Se a roupa ainda está sã,
o dono não perdeu a alegria.

Não nos foi dado galgar largos o lençol.

Pensa que é livre o cavaleiro.

Pensa, mas
ninguém é arrieiro de sua bagagem.

A ferida é amiga da mão, quem pode saber?
Sua guirlanda
e seu farnel são tudo o que importa.

A mão guarda as horas demônias.

DIVISA

O que matei,
na curva submerso,
renasce.

Seu pouso dentro de mim.

A melhor parte.

Que não se recupera,
a não ser
na própria perda.

Era e (portanto inteiro)
pouco exigia.

Coube na manga.
Foi a coimbra
e a catas altas da noruega.

O que matamos
(a mim também coube
a lâmina)

— o que matamos
é cristaleira,
rio da promessa.

Ainda que a curva
não sugasse
o

arrependimento,
o que faríamos
se a morte

há muito se diverte
a furtar
o que não se furta.

HEITOR,

domador de cavalos. Filho ilegítimo, herdou a sanha
de render o estribo.

A mãe exata, sem sol. Um homem arma o galinheiro.
Heitor, o herdeiro, tira

os arreios da vida, em sua selva o mais veloz cavalo
é lento,

fato que um herdeiro não suporta: prefere as patas
contra o peito, o hematoma

em que um mapa, com todos os territórios, se forma.
O homem amarra

telhas para o vento que nunca assaltará o galinheiro.
A mãe, à porta, não

se move, quase tronco, folha quase de uma floresta
que há muito não

se incendeia. Heitor, domador e cavalo, vara a cerca
nessa noite, irmã

de outra em que o pai fez saltar de sua alta finestra
a mãe

e desgarraram sem reza e sem promessa, vassalos
apenas do risco.

O homem sonha galinhas antes de cerrar à taramela
seu trabalho.

Heitor, domador de cavalos, precipita como se uma
grécia lhe roesse os ossos

VIAGEM

Um vivente tem pouco de si,
exceto se a morte lhe
põe o terno. O que

tem é o para si: ferramentas
de corte, bens
da corte. Insônia pela falta,

esse animal no tapete.
A posse ilude
o bolso de quem mal tem a si.

Um vivente
vê o que se move
à sua volta. Não, já não

se decide pelos bichos
ou caprichos.
Está à margem, ferido.

O pouco de si,
quando resta, pertence
à Quimera.

BRUIT

O queixada varou a cerca, o arame
ara-lhe o pelo.
Armadilha contra os celerados.

O queixada arma as presas a foder
o tormento.

Um tirano, para defender sua prole,
cravou
na mata o ninho de morte.

O queixada gira
a raiva
pelas arcadas. Se pudesse,

peguntaria ao pai de família onde
tirou esse
áspero que pune além do conflito.

AUGUSTIN HONORATO

, irmão de Antônio Felício
Macário: este
músico,
aquele

jamais senhor, mas
possuidor
de nenhum gado.

Posse às avessas,
diz-se.
Não para quem indo
no campo

(como infusão
para a febre
do fim do mundo)

se mistura aos objetos
que mais quere.
É rédea
se põe rédeas

em seu cavalo;
se leva a longa distância
o gado,

é o boi, o mugido,
o finco
e o aboio.
É a canga.

Augustin não pediu
tivessem
o seu entendimento.

Não foi claro, nem
escuro.
Foi miolo.
Um compêndio.

O PARECER DE SYNÉAS

A história à deriva.

Rodeá-la é um fracasso
se a mão
não divisa

suas dobras.

A história fia
seu casulo.
Alguns diriam

— nossa memória.

Entre mantas
que dificultam um
salto,

a história

devassa sua mata.
Ao ver-nos com o pulso
em riste

em si não cabe.

Da história, as discórdias.
Ao rodeá-la,
o que a mão resgata

ainda não é o fruto.

H

Eu viúvo.

Estou de banda,
como
um violão.

A mão que me
tangia
era velo, não arame.

Se torcia, quando
triste,
seu destino,

era o meu
(frágil escudo) que
se partia.

No entanto,
a essa fissura, eu
me opunha:

parco, à míngua,
magro,
inteiro.

À morte da que
me
tangia, não rendo

senão
as unhas, o medo,
o sangue.

Eu viúvo.

Estou de banda
como
não desejou

meu coração.

SINHANA

De tão gasto, teu corpo
não te pertence.

Tão lícito, areia à beira-
rio.

Em nós floresce
o medo,

a ilusão da vida inteira.
Em ti, que

não existes, sobra
o nervo

de seda. Sinhaninha,
de tanto

doce e amaro
teu corpo

a todos redime:
vaso,

embira, ciência, laço
que não finda.

PROUST

Quando nada carecia
de futuro,
entre feridas
orbitais
te movias.

Não estavas só: Gustavo
convenceu-se
de um banho na tina.

Marco Aurélio
rendeu-se ao desenho
do amor
mais que da guerra.

Não estavas despido
porque a infância
não o permite,
ainda que jogada
aos aceiros.

Estás a salvo nesse odor
que salta
da boca ao espírito.
Hosana aos biscoitos
e à gula.

E quanto menos mastigas
mais
a matéria
se converte em notícia.

SEBASTIÃO POLINO

trocou a mina de caulim
pelo bodoque.
Ao fazer-se menino
teve sorte.

Não deveu a ninguém
nada.
Nem à fera
que o trevou à noite.

Quando menino,
          — que foi,
e será ainda — Sebastião
rompeu

um açude. Atentem,
menos para
fisgar um velho bagre,
talvez

para entender o dilúvio.
As águas
deitaram o capim
da margem.

Num átimo, fizeram
seu rosário:
a manga de porcos
o viveiro

de seo Ângelo.
Parece ainda não
tornaram
ao leito,

embora o Polino,
já não mova
os braços.
Não conspire,

não faça rixa.
Apenas flutue entre
o menino
e o homem.

SE CONDE FOSSE

Não tiraria dos ombros
a miséria que o assiste.

Estando assim, bem
vestido, não se despe.

Não troca por cetim
a rude mostra de roupa.

Peça por peça fez-se
senhor de pouca

monta. Não mora,
se refugia sob as pontes.

Não paga a tiranos
a sua sorte.

Se conde fosse,
com a cerviz dobrada,

morreria.
Muito teria e nada

que merecesse nota.
Da miséria que o assiste

extrai, sem vender-se,
o que lhe basta.

O MORCEGO

desafia a natureza para assaltar, durante o dia,
o bebedouro de outro pássaro.

Avança, sem apreensão de que o escorracem
(bicho com a treva

às costas). É um direito somar-se à comida,
não importa

a diferença entre os estômagos. Vem, porque
se não ele, outro se

ocupa em justificar a repentina abundância.
Uma porção da noite

desce com o morcego — luminária às avessas.
Capturá-lo à luz

revela na varanda uma rodoviária com sacas
de grãos, chapéus

e orações entre os corpos que se apressam.
E comem todos

da passagem, o alimento maior a repartir-se.
O morcego salta

a divisão das horas para convidar ao sangue
quem se der a pássaro.

GESTA

Não destinado a nascer,
nasceu empelicado.

Destinado a fazeres
da alma,

em nada soube o corpo.
A não ser guerras

com o Obscuro.
Não era como os outros

mas, dentre eles,
o desejado.

Não pela finura, não
pelo trato,

não pelo rododendro
curado à janela.

Não destinado aos galopes,
empelicado veio

para silêncio nas veias.
De buscá-lo tanto, de tanto

requisitado, todos
habituaram-se ao hábito.

Um que salva os campos,
punge a lepra,

não há quem o não queira.

Porém, se a vida
não é sua, mas alheia,

um dia
há de romper-se a cobertura:

o empelicado
sutura o jejum e de pronto

salta o muro
de incenso que o protegia.
Solto no mundo,
aviado no corpo, se dobra

entre linhos
selos calúnias e fronteiras.

Sabe a espuma
o seu pênis e sua língua

revela
o nome de todos, sua fome

ronda a noite
com o errante dos errantes.

Destinado ao destino,
o empelicado

nada soube, nada adivinha.

De passagem, onde pousa,
todo e qualquer

se admira de sua imagem.
Por que não

dar-lhe o que basta? Essa
manta de perguntas.

Ao desatino
rende-se, enfim,

o empelicado.
E não é o que fazem cada

rês, cada sentença, o homem
desnudo nascido?

DANÇA

que não diverte. Em fila
o esqueleto
chefe, em seguida
o melhor, o estranho,

o que não presta.
A limpa mão da morte
tem saliva
ao invés de sangue,

talvez, porque
na boca o terror menos
se perceba.
Não há quem escape.

O cão e os animais
de mato
campeiam livres, únicos
nesse legado:

mais eficientes em sua
mordedura,
pois entre a presa
e o salto

nenhum empecilho, carne
nenhuma.
Nós, que parecemos
os verdadeiros

mortos — mais
que os outros, nessa rede
onde os pontos
são de mesma espécie —

fendemos a roda.
Não com os gestos (que
já não nos
pertencem), com o

resíduo
da consciência.
Porém, nesse baile,
ossos à mostra

não deixam dúvidas:
com ou sem méritos, aqui
chegamos.
Senhores da caça

ou fezes da hora louca.
Que importa?
Segundo a música, entrega-se
o que não era

de ninguém
ao cofre sempre aberto
da morte.
Ela mesma sua fera.

BOSCH

O motor a diesel ruge entre arbustos.
Obscuro.
Agressivo.

Voz exilada de deus
para que tivéssemos a luz.

O ruído rastreia como se raposa fosse.
O esgarçado
grito.

Aos que vêm noturnos, sem itinerário,
o motor consola.

— Vale o apelo às penadas almas.

À beira do medo, qualquer companhia
é pessoa.

LIVRO DA ALEGRIA

Com ossos a prumo
vamos ao pecado:

bosch bruegel pesam-nos
o fardo.

Na esquina, o destino
pede-nos o contrário: logo

o que é duro será
espuma e nem a tapa

nos salvará da forca.
Com os ossos coloridos

talvez no primeiro salto
alcancemos

a funda loca,
onde sorrimos a vermelho.

Entre uivos
(de que alguns fazem ofício,

outros desespero)
a mãe adormece,

um filho gera sua falha,
ao campo segue

o pai, regressa o santo
à família,

resolve-se uma contenda.
Entre unhas

que desenham a carne,
rende-se o

rebelde, derrama-se o óleo
antes do incêndio.

Entre o gozo
proibido dá-se à mostra

um fêmur: a quem
pertence? Será memória,

esquecimento?
A arma punitiva, o dedo

em riste
que já não admoesta?

O livro da alegria escreve-se
com o gasto.

Pronto, não teria
lacre de ouro.

Na capa, se tivesse
uma, veríamos

saindo de cena um velho
carro sem os bois.

RESÍDUO

I

O que se faz da língua
na hora
do uso não sabemos.

O que ela nomeia,
quem
a verga,

a extensão e a altura,
a forja
que a enrubesce.

Nada se entrega.

O dito o escrito o desdito
são moedas
sem caixa.

No entanto, a cifra
e a vida
nos cobram

regularidade na língua.

Como se para isso
derivasse
a mesma.

II

Por essa conta gerações
se extenuam
sem entendimento.

As herdades,
os pastos, as orlas
se negam

a uma qualquer
geografia.

III

Mas os bichos as matas
os mortos
os mitos

relutam ao silêncio:
há sílabas
nos gritos

que empunham,
e classes e fazendas
de palavras

nutridas em
confinamento.

E livros entre fagulhas
nos fogões
onde se aquecem

os gatos.

IV

Sete vidas contam
para a língua
e mais sete

depois de cada
sentença.

Erva que eriça
à volta
do caule

até ser, por soma
e perda,
árvore —

ninho e pelagem,
casa de bicho.

V

Ao mover-se para
a caça
não é o corpo

que a move.
Nem o elástico
da fome.

Algo está na língua,
algo é
na língua.

Não é, mas é
o sal
que incendeia o devoto.

É, mas não é
o sul
dobrado à neblina.

Põe-se a mão
sobre
o movimento da língua:

é rijo, carcaça
de granito.

VI

Todavia, sob o osso
a intenção
que faz o gesto

não se captura.

A língua não está
no andaime
do corpo.

Sob ele — a dar-lhe
crédito,
se danifica

como o estertor
de certo vivo a fingir-se
morto.

VII

Que se levanta, a língua,
é fato.

Em pernas
e objetos.

Em terra vermelha.

Em parentes, que erram
suas lembranças.

Sob as coisas
a língua.

Raiz para todas
as formas.

VIII

Que mudam as tarefas
da língua,
não há dúvida.

A dúvida é se o rastro
do que ela
afirma

não é outra língua,
uma
tirana da outra.

Se for dessa monta,
o que somos
na língua

é um teatro
de sombras.

NOTA

este rascunho se cumpriu entre novembro de 2011, em maroggia, ticino, e maio de 2013, em juiz de fora, minas gerais. agora pertence a quem o falar: saliva e sopro será.

ÍNDICE DOS POEMAS

TEOREMA

qvasi.. 13
campo (de suicídios/ de peregrinos/ de alívios/
dos que governam/ dos eleitos/ dos calculadores/
dos assaltos/ da carcaça/ do funil/ do quilombo/
da faquinha de ponta/ da cera/ das toalhas/
do altar/ do sete selado)...................................... 17

MISSIVAS

ofício.. 29
pórtico.. 30
cometa.. 31
filologia.. 32
carneiros... 32
condenações.. 33
alto das cabeças... 34
alarme... 36
mata do cavalo... 37
pouso alto... 38
montes claros,... 39
inventário.. 40
euterpe.. 42
suméria... 43

léxico 1 44
léxico 2 44
calabouço 45
motim 46
comarca 46
lei do cão 1 47
lei do cão 2 48
códice 49
tabuleiro... 50
ouriço.. 51

LETRADOS

anúncio 55
mãi... 57
o, ... 61
corte... 63
omeeiro 65
livro do sofrimento... 67
pai (prelúdio/ c/ a/ o/ s/ réquiem)............................. 69
segundo retrato de honorina 73
durvalino. das abelhas... 77
ilta gomes,.. 79
joão. de deus 81
cont oos 83
antenor... 87
antônio pereira.. 89
os motas... 91
rachel. seu armarinho.. 93
cont oos 95
males, não... 99
divisa.. 101
heitor, ... 103
viagem... 105

bruit 107
augustin honorato 109
o parecer de synéas 111
h 113
sinhana 115
proust 117
sebastião polino 119
se conde fosse 121
o morcego 123
gesta 125
dança 129
bosch 131
livro da alegria 133
resíduo 137

SOBRE O AUTOR

Edimilson de Almeida Pereira nasceu em Juiz de Fora, MG, em 1963. É poeta, ensaísta e professor de Literatura Portuguesa e Literaturas Africanas de Língua Portuguesa na Faculdade de Letras da Universidade Federal de Juiz de Fora. Possui uma obra extensa e múltipla, com publicações nas áreas de poesia, literatura infanto-juvenil e ensaio, na qual se destacam: *Zeosório blues* (2002), *Lugares ares* (2003), *Casa da palavra* (2003) e *As coisas arcas* (2003), lançados pela Mazza, e *Relva* (2015), *maginot, o* (2015) e *Guelras* (2016), pela Mazza/Sans Chapeau — poesia; *Os reizinhos de Congo* (Paulinas, 2004) e *O primeiro menino* (Mazza, 2013) — infanto-juvenil; *Flor do não esquecimento: cultura popular e processos de transformação* (Autêntica, 2002, com Núbia Pereira), *Malungos na escola: questões sobre culturas afrodescendentes e educação* (Paulinas, 2007) e *Entre Orfe(x)u e Exunouveau: análise de uma estética de base afrodiaspórica na literatura brasileira* (Azougue, 2017) — ensaio.

Este livro foi composto em Sabon,
pela Bracher & Malta, com CTP da
New Print e impressão da Graphium
em papel Pólen Soft 80 g/m² da Cia.
Suzano de Papel e Celulose para a
Editora 34, em julho de 2017.